W0311011

Meine liebsten Geschichten

Inhalt

Das Dschungelbuch 8

Susi und Strolch 20

Bambi 32

Disney
Das Dschungelbuch

Der Panther Baghira entdeckt am Ufer eines Flusses ein gestrandetes Boot. Darin liegt ein Korb mit einem kleinen Menschenkind, das herzzerreißend weint. „Was soll ich mit dem Kleinen bloß im Dschungel machen?“, grübelt er. Er bringt das Kind zur Wolfsmutter, die gerade selbst Kinder bekommen hat. Die Wölfin lächelt das Baby an – Baghira weiß, dass es nun in guten Händen ist.

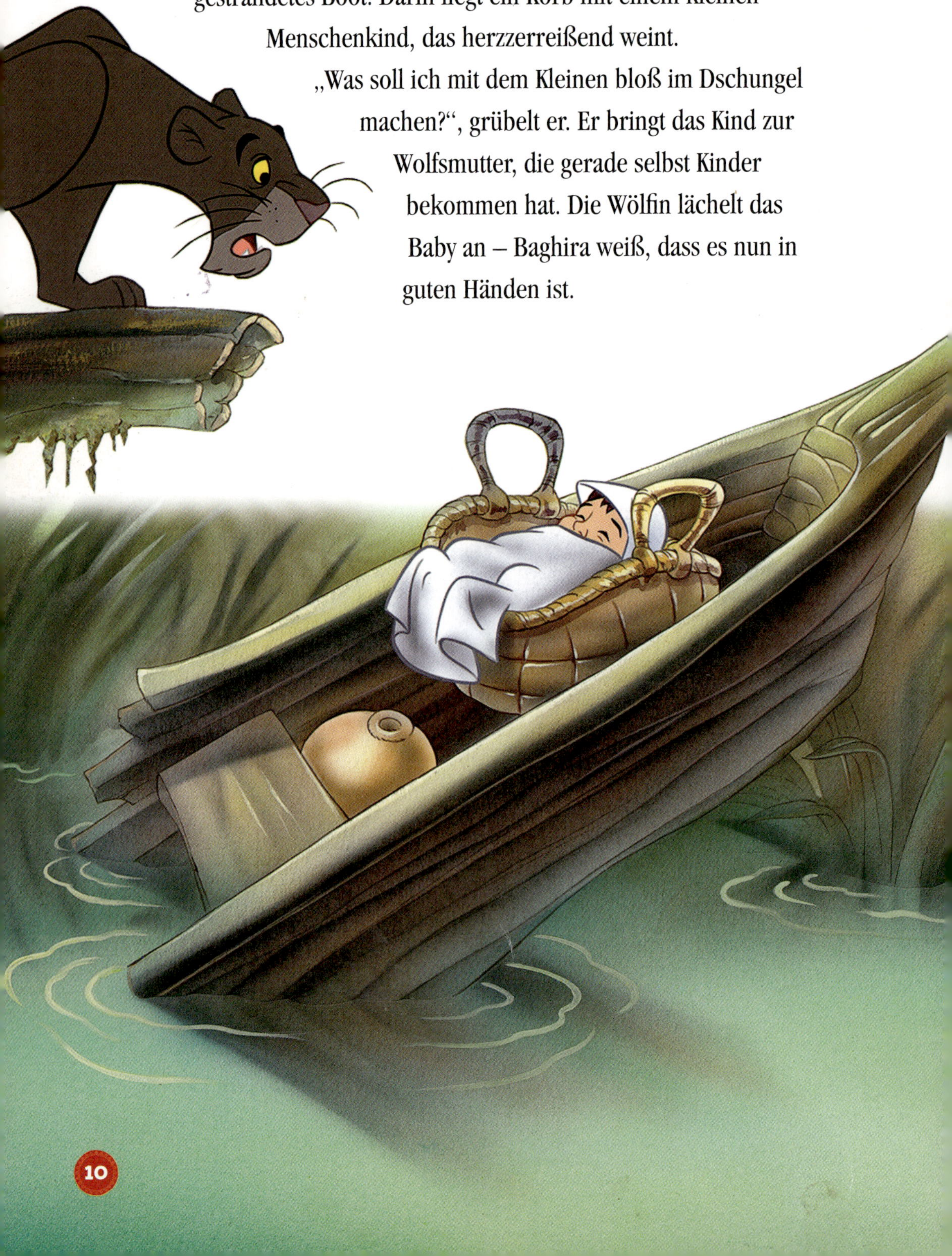

Das Menschenkind bekommt den Namen Mogli. Er wächst zu einem fröhlichen Jungen heran. Eines Tages verbreitet sich im Dschungel die Nachricht, dass Shir Khan, der Tiger, zurückgekehrt ist. Mogli ist in großer Gefahr, denn Shir Khan mag keine Menschen und wird ihn nicht im Dschungel dulden.

Baghira will Mogli in die Menschensiedlung in Sicherheit bringen. Auf dem Weg dorthin machen sie Rast auf einem Baum und Mogli wird beinahe von der Schlange Kaa erwürgt. Im letzten Moment kann Baghira ihn retten.

Am nächsten Morgen werden die beiden von der Frühpatrouille der Elefanten geweckt. Mogli ist begeistert und möchte gerne mitmarschieren, doch Oberst Hathi schickt ihn fort.

Ein Menschenjunge hat seiner Meinung nach nichts in der Elefantenkompanie verloren. Traurig folgt Mogli Baghira weiter durch den Dschungel. Noch ahnt er nicht, dass seine Traurigkeit bald verfliegen wird.

Baghira und Mogli begegnen dem behäbigen Bären Balu, der sich schnell mit Mogli anfreundet.

„Probier's mal mit Gemütlichkeit!", rät Balu.

„Darf ich für immer bei dir bleiben?", fragt Mogli seinen neuen Freund.

„Natürlich kannst du bei mir bleiben. Du wirst lernen ein richtiger Bär zu werden", antwortet Balu.

Die beiden wollen nicht auf Baghira hören, der sie vergeblich vor den Gefahren warnt.

Doch was ist das? Plötzlich wird Mogli von Affen gepackt. Bevor Balu eingreifen kann, sind sie mit dem Jungen verschwunden. Mogli wird zu King Louie gebracht, dem König der Affen.

„Menschlein, verrat mir das Geheimnis, wie die Menschen Feuer machen“, bittet King Louie.

Doch Mogli will ihm dieses Geheimnis nicht verraten. Bevor er antworten muss, kommen ihm Baghira und Balu zu Hilfe.

Balu hat sich als Affendame verkleidet. King Louie ist begeistert! Ihr Tanz wird so schnell und wild, dass die Ruinen des Affenpalastes zusammenstürzen, und die Freunde können entwischen.

„Es ist besser, wenn du zu den Menschen zurückkehrst!“, rät Balu schweren Herzens. Aber Mogli will nicht auf ihn hören und rennt davon.

Er läuft Shir Khan direkt in die Arme.

„Du bist also das Menschenkind“, begrüßt ihn der Tiger knurrend.

„Ich habe keine Angst vor dir!“, ruft Mogli. Plötzlich bricht ein heftiges Gewitter aus. Ein gewaltiger Blitz schlägt in einen Baum ein, Mogli schnappt sich einen brennenden Ast und schlägt Shir Khan, der Angst vor Feuer hat, in die Flucht.

Die Freunde sind stolz auf Mogli, vielleicht kann er doch bei ihnen im Dschungel bleiben?

Da hört Mogli lieblichen Gesang, folgt dem Klang der Stimme und sieht zum ersten Mal in seinem Leben ein Mädchen.

„Komm zurück!", ruft Balu. Doch Mogli folgt dem Mädchen ins Dorf, er ist zu Hause angekommen und wird auch dort glücklich sein.

Disney

Susi und STROLCH

Familie Darling feiert ihr erstes gemeinsames Weihnachtsfest im eigenen Haus. Jim hat ein ganz besonderes Geschenk für seine Frau: einen jungen Cockerspaniel.

„Oh, ist der süß!“, ruft Betty begeistert und hebt das Hündchen behutsam aus der Schachtel.

„Es ist eine kleine Hundedame und sie hört auf den Namen Susi“, verrät Jim seiner Frau.

Susi wächst heran und ist das glücklichste Hundemädchen der Welt. Eines Tages jedoch fällt Susi auf, dass sich zu Hause etwas verändert hat. Jim und Betty schenken ihr nicht mehr so viel Aufmerksamkeit wie zuvor. Jim und Betty reden nur noch von einer Sache: dem „freudigen Ereignis“.

Strolch, ein struppiger Mischling von der Straße, erklärt ihr: „Ein freudiges Ereignis bedeutet, dass deine Familie ein Baby erwartet!“ Dann wünscht er Susi viel Glück und verschwindet.

Als das Baby schließlich zur Welt kommt, ist zunächst wieder alles so schön wie zuvor. Susi wird sogar zur Aufpasserin des neuen Familienmitglieds ernannt. Als Jim und Betty eines Tages auf Reisen gehen, soll sich Tante Klara in dieser Zeit um Susi und das Baby kümmern.

Doch die Tante zieht nicht allein ein, sondern bringt ihre beiden Katzen Si und Am mit. Tante Klara und auch die Katzen können Susi nicht leiden und machen ihr das Leben schwer.

Si und Am stellen die komplette Wohnung auf den Kopf. Sie zerreißen die Vorhänge, zerbrechen Porzellan und versuchen den Goldfisch aus dem Becken zu fischen.

Susi bellt, so laut sie kann, und gibt sich alle Mühe, die Katzen von ihrem wilden Treiben abzuhalten – doch vergeblich.

Als Tante Klara das Zimmer betritt, gibt sie Susi die Schuld an dem Durcheinander.

„Du ungehorsames Ding!", schimpft sie.

Wütend zerrt Tante Klara Susi in eine Tierhandlung und lässt ihr einen Maulkorb anlegen. Aus Panik und Angst flüchtet Susi und irrt ziellos durch die Stadt.

Sie wird von streunenden Hunden bedroht, doch es ist Strolch, der ihr zu Hilfe eilt. Behutsam führt Strolch Susi zum Zoo. Dort nagt ein Biber den Riemen des Maulkorbs durch.

„Danke!“, seufzt Susi. Sie ist heilfroh, das schreckliche Ding endlich los zu sein.

„Ich glaube, wir brauchen jetzt erst mal ein Abendessen“, meint Strolch und führt Susi zu seinem alten Freund Toni. Wenig später sitzen Susi und Strolch bei Kerzenlicht vor einer riesigen Portion Spaghetti mit Fleischklößchen.

Joe und sein Freund Toni unterhalten die beiden Hunde mit einem italienischen Liebeslied.

„Wie romantisch“, denkt Susi und lächelt Strolch glücklich an.

Nach dem Essen spazieren Susi und Strolch im Mondschein durch den Park. Beide sind glücklich und zufrieden. Sie suchen sich ein schönes Plätzchen für die Nacht. Unter freiem Sternenhimmel schlafen sie eng aneinandergekuschelt ein.

Eines Abends beobachtet Strolch, wie sich eine böse Ratte in das Kinderzimmer der Darlings schleicht. Das Baby ist in Gefahr! Ohne zu zögern, kämpft Strolch gegen die Ratte und kann sie besiegen.

Die Tante hat den Krach gehört und eilt schnell ins Kinderzimmer. Irrtümlicherweise denkt sie, dass Strolch das Baby angreifen wollte, und lässt ihn von den Hundefängern abholen.

Doch Susis Nachbarhunde Jock und Pluto haben alles gesehen und stellen sich der Kutsche in den Weg. Die Pferde scheuen und der Wagen kippt um!

In diesem Moment kommt Susi mit Jim angelaufen. Gemeinsam befreien sie ihren Freund Strolch.

Susi und Strolch wollen nun für immer zusammenbleiben. Der Streuner findet bei den Darlings ein neues Zuhause. Ein paar Monate später feiert die ganze Familie gemeinsam Weihnachten.

Susi und Strolch sind mittlerweile selbst Eltern geworden. Und die entzückenden Welpen verstehen sich prima mit dem Baby von Jim und Betty.

Disney
Bambi

Der Hasenjunge Klopfer hüpft aufgeregt zum Baum der Eule und verkündet wunderbare Neuigkeiten an diesem schönen Frühlingstag:

„Familie Reh hat Nachwuchs bekommen!“ Die Tiere des Waldes bewundern das neugeborene Kitz.

„Hat der Kleine schon einen Namen?“, fragt Eule.

„Er heißt Bambi!“, antwortet die Rehmutter.

Bambi und Klopfer werden schnell die besten Freunde. Gemeinsam mit Klopfers Geschwistern spielen sie ausgelassen im Wald – es gibt so viel zu entdecken!

Als Bambi an den duftenden Blumen schnuppert, sieht er sich plötzlich einem schwarz-weiß gestreiften Tier gegenüber.

„Blume?“, ruft Bambi aus.

Klopfer wirft sich lachend auf den Boden. „Aber das ist doch keine Blume, das ist ein Stinktier!“

„Du kannst mich ruhig Blume nennen“, sagt das kleine Stinktier und errötet.

Bambi entdeckt auch Dinge im Wald, die
ihn erschrecken und ihm Angst machen.
Er ist froh, dass seine Mutter ihn beschützt.
Im Regen kuschelt sich Bambi dicht an ihre Seite.
Hier fühlt er sich sicher und geborgen.

Es ist Winter geworden, die Freunde schlittern vergnügt über das Eis. Doch die unbeschwerte Zeit ist leider viel zu schnell vorbei.

Bambis Vater taucht aus der Tiefe des Waldes auf.

„Deine Mutter wird nicht mehr zurückkommen, Bambi. Die Jäger haben sie erwischt, du musst jetzt tapfer sein und auf dich selbst aufpassen.“

Nach einem langen Winter kehrt der Frühling zurück. Bambi ist kaum wiederzuerkennen. Er hat sich zu einem prächtigen jungen Hirsch entwickelt. Bambi trifft auf ein Rehmädchen.

„Erkennst du mich nicht? Ich bin's, deine alte Freundin Feline."

Sie schleckt ihm sanft über die Wange. Da ist es um Bambi geschehen – er hat sich verliebt!

Bambi und Feline werden ein Paar. Eines Morgens weckt sie Hundegebell. Es sind Jäger im Wald!

„Rette dich, Feline!“, ruft Bambi. Er stellt sich mutig gegen die Meute und verteidigt Feline. Bambi kämpft mit ganzer Kraft, und obwohl ihn ein Schuss trifft und die Jäger den Wald in Brand stecken, kann er sich in Sicherheit bringen.

Der nächste Frühling erweckt die Natur wieder zu neuem Leben.

Bambi ist stolzer Vater geworden! Feline hat Zwillinge geboren und alle Tiere sind zum Gratulieren gekommen. Bambi wird gut auf seine junge Familie aufpassen.

Ende